Martina Steinkühler

Für dich bin ich immer da

Gebete für Kinder

Mit farbigen Bildern von
Barbara Nascimbeni

Gabriel

Vorab ...

Wer hat das Beten erfunden? Ich würde sagen: der allererste Mensch. So selbstverständlich, wie sie »Mama, Papa!« rufen, wenden sich Menschen an Gott: »Oh Gott« und »Gott sei Dank« – das sind die ersten und geläufigsten Gebete.

Trotzdem fällt das Beten heute manchmal schwer. Vielleicht, weil wir Gott nicht mehr so unmittelbar kennen wie früher. Aus der Fremdheit kommen Fragen:

• Was will Gott denn eigentlich hören?

• Was darf ich sagen, was nicht?

• Was *muss* ich sagen (damit es ein »richtiges« Gebet ist)?

• Wird Gott mich überhaupt hören?

• Nützt beten?

Die Gebete dieses Bandes sind von Bibelgeschichten und von den Psalmen inspiriert; den Menschen in der Bibel ist nichts Menschliches fremd: Sie leben und deuten ihre Höhen und Tiefen im Kontakt mit Gott. Die Psalmen bringen diese Lebenslagen Gott zu Gehör: jubelnd und klagend, zweifelnd, flehend und voll Dankbarkeit.

Ob beten nützt, das findet nur heraus, wer es versucht.

Die vorliegende Sammlung lädt ein: Probier's doch mal. Ganz gleich, wie du dich gerade fühlst und was du auf dem Herzen hast – bring es vor Gott. Du wirst sehen: Das tut gut.

Die Gebete sind nach den großen (und kleinen) Gefühlen und Erfahrungen der Menschen sortiert; sie finden sich unter Stichwörtern wie »Staunen«, »Trauer« und »Frust«. Es lohnt sich, sie der Reihe nach zu lesen. Und im Ernstfall: einfach aufschlagen!

Martina Steinkühler

Inhalt

Angst
... im Dunkeln, vor der Nacht

Ich kann nicht einschlafen
Beten wie Abraham in Haran

Hörst du mich, Gott,
du **Großer und Fremder?**
Sie haben mir von dir erzählt.
Kennst du mich?

Dunkel ist es.
Es ist Nacht.
Sie haben gesagt,
ich soll mich nicht fürchten.
Das sagen sie oft.
Ich bin groß.

Aber tief drinnen
ist mir bange.
Könntest du
die Nacht
für mich
ein kleines bisschen
heller machen,
großer Gott?

Ich habe gut geschlafen

Beten wie Abraham,
als er Gottes Auftrag erhalten hatte

Lieber Gott,
die Nacht ist dunkel geblieben.
Und trotzdem glaube ich:
Du hast mich gehört!

Du hast mir meine Angst
genommen in der Nacht.
Friedlich bin ich
eingeschlafen.

Froh bin ich aufgewacht
und die Sonne kitzelt mich
an der Nase.

Sie sagen: Du hast den Tag gemacht
und die Nacht.
Den Mond, die Sterne
und die Sonne.

Und mich, mich auch.
Ich danke dir:
Das hast du dir gut
ausgedacht!

Angst

… vor dem Neuen

Ich bin unsicher
Beten wie Mose am Anfang des Weges

Gott im Himmel,
hörst du mich?

Ich habe einen Wunsch:
Dass du mit mir gehst
und gut auf mich aufpasst.

Denn siehst du:
Ich muss einen großen Schritt tun,
und was ich tun muss,
nimmt mir keiner ab.

Auch du nicht, das habe ich schon erfahren.
Du nimmst mir nichts ab.

Und doch machst du es leichter.
Wenn du mitgehst, Gott,
wenn du da bist.

Sie nennen dich so beim Namen:
Ich bin, der ich bin,
und ich bin für dich da.

Sei es, Gott!
Sei, was du bist,
auch für mich.

Ich bin bedrückt

Beten wie Daniel,
als er an den Perserhof kam

Lieber Vater von uns allen,
warum bin ich hier?
Ich hab es mir nicht ausgesucht –
diese neue Stadt,
die neuen Menschen,
dieses ganze Durcheinander
in der Familie.

Lieber Vater von uns allen,
ich möchte zurück.
Ich möchte, dass alles wieder so ist,
wie es war.
Es war doch eigentlich gut.

Ich fasse Mut
Beten wie Daniel, als er das Beste daraus machte

Lieber Vater von uns allen,
ich habe erfahren: Es geht nicht.
Es geht nicht zurück.

Und voran geht es auch nicht –
solange ich nicht will.
Sie sagen, es liegt an mir –
weil ich mich nicht »darauf einlasse«.
Einlasse auf all das Neue.

Lieber Gott, denkst du das auch?
Sie sagen, du kennst alle meine Gedanken.

Wie wäre es denn, weiser Gott:
Wenn ich mich wirklich einlassen könnte
auf dieses Durcheinander?

He, was ist das?!
Auf einmal packt mich Neugier!
Auf einmal, wie aus heiterem Himmel.

Ich glaube, ich probier's.
Ich glaub, ich fang mal an ...

Einsamkeit

... auf dem Schulhof

Ich suche einen Freund

Beten wie Zachäus, als er merkte, was ihm fehlte

Gott, du Großer Begleiter,
da liege ich in meinem Bett
zur Schlafenszeit.
Ich bekomm kein Auge zu.

Der Tag läuft noch einmal ab
vor meinen geschlossenen Augen.
Die Schule, der Schulhof,
Gerangel, Geschrei.
Ich immer mittendrin, sagt die Lehrerin.

Aber, Gott, du, der mich kennt:
Du weißt, das ist nur außen.
Innen bin ich sehr allein.
Bitte, nimm's mir nicht übel.
Ich weiß, ich hab ja dich.
Und Mama und die Familie.
Aber trotzdem, ich kann es nicht
anders sagen:
Innen bin ich allein.

Du, Jesus: Du kannst rufen und
sie kommen:
Mach, dass ich einen Freund* finde,
einen, der zu mir hält.
Er muss nicht besonders klug oder
mutig sein –
Wenn er nur da ist und mich mag.

Du, Jesus: Du kannst rufen und
sie kommen:
Mach, dass ich eine Freundin* finde,
die zu mir hält.
Sie muss nicht besonders klug oder
angesagt sein –
Wenn sie nur da ist und mich mag.

* Wenn es so nicht passt: Ersetze »Freund« durch
  »Freundin« und umgekehrt.

Ich bin neu
Beten wie Jesus, als er anfing

Gott, großer Vater im Himmel!
Jesus, du Gott-bei-den-Menschen!
Geist, der die Menschen verbindet:

Höre: Ich bin neu!
Ich bin neu an dieser Schule
und neu in dieser Klasse.
Es fühlt sich unheimlich an,
so kalt, weißt du, und zittrig.
Ich steh nicht gern allein.

15

Ich stelle mir vor:
Ich komme auf den Schulhof
und ein Kind lacht mich an.
He, wo kommst du her?
Ich freue mich, dass du da bist.

O Gott!, würde ich denken
und lache zurück. O Gott,
dich schickt der Himmel.

Ich bin dabei
Beten wie Jesus, als manche ihn ablehnten

Du, **Vater im Himmel,**
so einfach war es nicht!
Kommen und schauen und warten
und mir nichts, dir nichts
spricht ein Kind dich an ... – Nein:
So einfach war es nicht!

Du, **Gott-bei-den-Menschen,**
ich brauchte deinen Mut:
sie anzusprechen,
die, die nur schauen,
und eines zu fragen: Hilfst du mir?

Ich brauchte deine Kraft:
dem Kind, das sich abwandte, nachzugehen.
Es einzuladen: Lern mich kennen!

Guter Geist-bei-den-Menschen:
Nein, es geht nicht von allein!
Und nicht von jetzt auf gleich.

Mut und Kraft werde ich weiter brauchen.
Dazu Geduld. Und: deinen langen Atem.

16

Frust

... über vergebliche Mühe

Ich bin enttäuscht
Beten wie Sara, als Hagar das Kind bekam,
das Sara sich so sehr wünschte

Mein Gott,
das war nicht fair.
Warum musste es schiefgehen?
Ich habe so sehr gehofft, es geht gut.
Angestrengt habe ich mich.
Und gebetet, ja,
auch gebetet.
Du hast es nicht gehört.

Oder vielleicht:
Konntest du mir nicht helfen?
Wolltest du nicht?

Verzeih, dass ich frage.
Sonst bleibt mir nur Groll.

Ich bin so froh
Beten wie Sara, als sie ihren Isaak
in den Armen hielt

Mein Gott,
was soll ich dir sagen?
Mitten in der Niederlage
ein Sieg!
Und was für ein Sieg!

18

Niemand, der noch
daran glaubte ...
Aber dann aus heiterem Himmel:
Glück!?

Ich glaube, mein Gott,
das warst du.

Verzeih, wenn ich juble.
Aber weißt du:
Ich kann ja nicht schweigen
über das, was ich jetzt
von dir denke!

Geborgenheit

... bei Gott

Ich verlasse mich auf Gott

Beten wie die Weisen, als sie die Geschichte
von Noahs Arche erzählten

Starker, treuer, gütiger Gott:
In deiner Hand bin ich geborgen.
Im Schatten deiner Flügel kann ich leben.

Manchmal habe ich Angst.
Manchmal sehe ich schwarze Wolken.
Und Blitze zerreißen den Himmel.
Und der Donner bringt mich um den Schlaf.

Dann aber denke ich an deine Worte:
Solange die Erde steht,
soll nicht aufhören Saat und Ernte,
Frost und Hitze, Sommer und Winter,
Tag und Nacht.

Und zwischen Sonne und Wolken
sehe ich den Regenbogen,
dein Friedenszeichen, guter Gott,
und dein Versprechen:
Dir kann ich trauen, du meinst es gut.

In deiner Hand bin ich geborgen.
Im Schatten deiner Flügel kann ich leben.
Du starker, treuer, gütiger Gott.

Geborgenheit
... durch die Taufe

Ich habe einen Großen Begleiter
Beten wie Samuel, der Gottes Kind war von Anfang an

Da ist diese Kerze, **guter Gott,**
wir zünden sie manchmal an.
Dann schauen wir uns Fotos an,
von mir, Gott, als Täufling.

Und Mama drückt meine Hand:
»Sieh nur: Du warst winzig!
Seit damals hast du einen Bund mit Gott,
das Kleine mit dem Großen.«

Ich frage sie: »Dann kann mir
nichts passieren?«
»Was auch passiert«, sagt sie.
»Du hast einen Großen Begleiter.«

Da ist diese Kerze, guter Gott:
Wir beide sind verbündet!

Leid

... bei Verlust

Ich zweifle
Beten wie Hiob
im Ringen mit seinen Freunden

Herr,
wenn ich das Liebste verliere
und man sagt mir:
So will es Gott ...
Ich kann es nicht glauben, Herr.

Herr,
wenn ich das Liebste verliere
und man sagt mir:
So prüft dich Gott ...
Ich kann es nicht glauben, Herr.

Herr,
wenn ich das Liebste verliere
und man sagt mir:
Bleibe bei Gott ...

Ich weiß nicht,
ob ich das schaffe, Herr.
(Und ob ich es will.)

Ich finde Trost
Beten wie Hiob,
nachdem er Gottes Antwort gehört hat

Herr,
wenn ich das Liebste verliere
und spüre: Du bist mir nah ...

Herr,
wenn ich das Liebste verliere
und spüre: Du tröstest ...

Wenn ich das Liebste verliere,
dann weiß ich gewiss: Du bist da,

Herr, und es wächst meine Hoffnung
mitten im Leid.

24

Mitleid
... und Fürbitte

Ich mache mir Sorgen
Beten wie die Jünger, als sie auszogen,
um zu heilen

Auf, **lieber Gott**, du musst helfen!

Du, großer Gott, der du die Kraftlosen stärkst,
dass sie wieder stark werden
und auffahren mit Flügeln wie Adler:
Sieh und hilf!

Da ist dieses Kind in meiner Klasse:
Es kann vor Kummer
gar nichts mehr lernen.
Und schlimmer: lachen auch nicht.

Bei ihm zu Hause – du weißt schon ...
Du weißt doch von dem Unglück.

Du, Jesus, der du zu den Traurigen gehst
und machst sie wieder fröhlich!
Komm und hilf.

Du, Heiliger Geist, der uns alle
miteinander verbindet:
Komm und hilf.

Ich selbst – ich versuche es auch.
Hilf dem Kind. Und hilf auch mir.

Ich bin traurig
Beten wie Salomo,
als er den Sinn des Lebens suchte

Du meine Güte, Gott:
Was kann ich tun?

Was kann ich kleiner Mensch denn machen!?
Wenn so viel Großes schiefgeht?

Ich habe Nachrichten geschaut im Fernsehen.
Ich habe Bilder gesehen ...
Oh Gott! Die wollte ich nicht sehen.

Jetzt verfolgen sie mich.
Und ich kann nichts tun.

Du meine Güte, Gott:
Sieh jetzt nicht weg!

Tröste, tröste die Trauernden.
Und lass ihn endlich kommen: den Frieden,
den du uns versprochen hast.

Neid
... auf andere

Ich bin eifersüchtig
Beten wie Rahel, als sie Leas Kinder zählte

Wenn ich sie sehe, **du, mein Gegner,**
Oh, wenn ich sehe, wie glücklich sie sind!

Was haben sie alles!
Was können sie alles!
Und alles, was sie wollen, gelingt.

Ich aber! Ich stehe am Rand.
Ich schaue nur zu.
Weißt du, wie weh mir das tut?

Ich glaube, du hasst mich.
Was haben sie mir voraus?
Was machen sie besser?

Warum, oh mein Gott,
liebst du sie und nicht mich?

Ich denke um
Beten wie Rahel, als sie Leas Leid sah

Was höre ich da, du, mein …?
Hast du mir die Ohren geöffnet?

Meine Gegner: Sie klagen genauso wie ich!
Dass du sie hasst, mich aber liebst.
Und es tut ihnen weh.

Meine Gegner klagen genauso wie ich:
dass ich habe, was sie nicht haben,
und kann, was sie gern könnten!

Sie sehen die Dinge anders als ich.
Hast du mir die Augen geöffnet?

Ich staune und bin (ein wenig) getröstet.
Gott, der mich hört und sieht:
Du hilfst.

29

Schlechte Laune
... beim Aufstehen

Ich bin schlecht drauf
Beten wie Jeremia, der einsame Streiter

Du, **Gott**, heute habe ich schlecht geschlafen.
Und keine Lust auf nichts.
Ich weiß, ich sollte gar nicht aufstehen.
Doch Mama will. Ich muss.

So nimmt das Unglück seinen Lauf.
Ich nörgle übers Frühstück,
ich klage über Bauchweh.
Ich will keinen Pullover, ich will keinen Schal.

Es ist zu kalt, ich werde mich erkälten.
Ja, Mama, deine Schuld (das hast du nun davon!)!
Als ich zur Haltestelle komme, ist der Bus schon weg.
Ja, Mama,
alles deine Schuld.

Und wenn nicht deine, dann Gottes!
He, Gott, was sagst du nun?
Noch nicht mal acht an diesem Morgen –
schon hab ich ihn mir ganz verdorben.

Ich liege mit der ganzen Welt im Streit.
Es tut mir nicht mal leid –
na ja, vielleicht, genau genommen,
also ... schon ... Mein Gott!
Du hast nicht zufällig ein Gegenmittel?

Ich krieg mich wieder ein

Beten wie Jeremia, der Vertraute Gottes

He, **Gott**, jetzt sitze ich im Bus.
Ich warte auf dein Zeichen.
Niemand setzt sich neben mich.
He, Gott, liegt das an dir?
Ich schließe meine Augen.

»Sprich mich nicht an,
ich habe schlecht geschlafen.«

Ich öffne meine Augen nicht
und fang doch an zu grinsen.
Ich sage: »Willkommen im Club.«

Schmerzen und Krankheit

Ich habe Schmerzen
Beten wie Petrus und Johannes im Gefängnis

Jesus, Gott im Himmel,
der, der du die Schmerzen und
das Leid der Menschen
selber durchgestanden hast:

Höre mich!
Sieh mich an!
Denn siehe, ich habe Schmerzen!

Jesus, Gott bei den Menschen,
es tut weh,
es tut so weh!
Du weißt, wie das ist.
Wann geht es weg?
Wann ist es endlich vorüber?

Oh Gott, wer kann mir helfen?

Ich atme auf

Beten wie Petrus und Johannes im Gefängnis,
als sich die Tore öffneten

Jesus, Bruder im Schmerz und im Leid!
Du siehst mich an, da vom Kreuz.

Mir ist, als ob du sagst:
Da musst du durch.
Doch atme auf: Ich bin da.
Ich bin da, bei dir,
mitten im Schmerz.

Und glaube mir: Es geht vorbei.
Es wird nicht so bleiben.

Ich höre dich, Jesus.
Ein wenig vielleicht
kann ich dich spüren.
Und mitten im Schmerz
atme ich auf.

Ich bin krank
Beten wie die Tochter der Frau aus Syrien

Warum denn immer ich?
Herr Jesus, du Sohn Gottes!

Ein Windhauch – und ich bin krank.
Ein Niesen meines Nachbarn – ich stecke mich an.
Jetzt wieder: eine richtig fette Grippe.

Ich liege, ich liege im Bett.
Darf nicht zum Sport, darf nicht zur Schule.
Das Bett hüten, nennt Mama das.

Wozu hüten – das Bett!?
Herr Jesus, Gott bei den Menschen!
Mich muss man behüten.
Du sollst mich behüten.

Der du die Welt in Händen hältst – auch mich!
Hörst du? Immer und immer auch mich!

Ich will gesund werden
Beten wie die Kranken am See Betesda

Jesus, du Heiland, du Retter:
Ist das wahr?

Du bist Menschen begegnet,
Menschen mit Krankheit und Schmerz.
Du hast sie angesehen und gefragt:
Was willst du, dass ich für dich tun soll?

36

Mensch, Jesus, wie dumm!
Wie kannst du fragen!?
Gesund wollen sie werden.
Und heil.

Auch ich, Jesus!
Gesund will ich werden
und heil.

Das ist keine Frage.
Das ist mein sehnlichster Wunsch!
Kannst du das?
Kannst du das für mich tun!?

Komm schon, komm schon:
Frage mich!
Dass ich es dir sage:
Herr, mache mich heil!

Jesus, mein Heiland, mein Retter.

Schuld
... im Allgemeinen

Das hab ich nicht verstanden
Beten wie Paulus, als er zum Christen wurde

He, **lieber Gott**, du musst mir helfen!
Das hab ich nicht verstanden.
Heute früh, wir hatten Reli:
Ich höre: *Wir sind nicht gut.*
Die Streitereien, das Gerangel;
und wenn ich Nein zu Mama sag;
und wenn ich flunkere, ein wenig ...
Ich höre: *Das ist schlecht.*

He, lieber Gott, erklär mir das!
Was hast du dir gedacht?

Du hast uns selbst gemacht
mit diesem Eigenwillen.
Hast du nicht nachgedacht?
Willst du nur »Ja« und »Amen«?
Das kann ich nicht versprechen.

Dann bin ich also *schlecht*?

He, lieber Gott, du musst mir helfen!
Ich könnte vielleicht besser sein.

Nicht immer gut, auf Dauer;
doch manchmal vielleicht etwas ruhiger,
freundlicher.

Die Sache ist nur die, mein Gott:
Ich müsste mich besinnen.
Und auf dein Zeichen hin
dann wieder beginnen.

Schuld

... im Besonderen

Ich bin ungeduldig
Beten wie Jakob, als er seinem Bruder
den Segen streitig machte

Du lieber Gott im Himmel!
Ich will etwas so sehr.

Ich kann nicht drauf verzichten.
Ich will etwas so sehr!

Da ist mir jedes Mittel recht.
Nicht wahr? Du siehst nicht hin
bei meinem kleinen Trick?

Nicht wahr? Du wirst's verstehn.

Weil ich es so sehr will.

Ich bin befreit
Beten wie Jakob,
als er die Himmelsleiter gesehen hatte

Oh Gott, mein Fels, du meine Hoffnung:
Als ich dir meinen Fehler eingestand
und meinen Trick bereute:
Da hast du einen Schwamm genommen
und hast die Schuld wie einen Flecken weggewischt.

»Mach's wieder gut«, hast du gesagt.
»Auch wenn es lange dauert.
Ich bleib bei dir und seh dir zu.
Ich weiß, du kannst es schaffen.«

Noch laufe ich davon
vor meinen bösen Taten.
Ich sehe aber Licht:
Ich muss nicht schuldig bleiben.

Ich danke Gott. Ich lobe Gott.
So weit der Himmel ist,
ist Gottes Güte und Erbarmen.

Selbstbewusstsein

Ich kann was
Beten wie David, als er seine Schafe hütete

Du, **Gott**, komm,
schau mal, was ich kann!
Ich bin nicht so klein, wie sie sagen.

»Willst du wirklich
so viel auf dich nehmen?«,
hat Mama gefragt.
»Verantwortung für ein Leben,
für ein lebendiges Tier?«

Ich habe Ja gesagt,
wieder und wieder habe ich Ja gesagt.
Bis sie mir am Ende glaubte.

Und nun sieh: Mein Tier!
Wie geht es ihm gut!
Essen und Trinken bekommt es von mir.
Ich nehme mir Zeit,
ich vergesse es nicht!

Und höre: den Namen!
Ja, ich habe ihm einen Namen gegeben;
den kennt es.
Nie will ich es verlieren
und niemals lass ich es im Stich.

Ich schaffe es nicht allein
Beten wie David,
wenn er ein Schaf verloren hatte

Oh **Gott**, ich weiß nicht weiter!
Ich tue, was ich kann.
Ist es genug?
Ist es denn nicht genug?
Warum nicht, Gott, warum?
Gott, ist es meine Schuld,
dass jetzt mein Tier in Gefahr schwebt?
Ist es denn meine Schuld?
Was habe ich falsch gemacht?
Und wie, Gott, geht es richtig?

Oh Gott, gib mir Rat!
Oh mein Gott, was soll ich nur tun!?
Kann es noch gut gehen?

Ich muss es nicht allein schaffen
Beten wie David,
wenn er sein verlorenes Schaf gefunden hatte

Mein Tier: Es ist gerettet!
Meine Pflege – am Ende war sie gut genug.

He, Gott, weißt du, was ich denke?
Meine Pflege war es nicht allein.
Ich habe Hilfe gefunden bei allem, was ich tat.

Du, Gott, Großer Hirte:
Als ich mein Tier pflegte, da pflegtest du mich.
Und als ich schlief, hast du gewacht.
Du hast die Pflege übernommen.

Ja, wir haben uns die Arbeit geteilt,
wir haben abwechselnd Wache gehalten.

Und doch glaube ich,
du mein Gott, Großer Hirte:
Größer als meine Pflege ist deine Pflege.

Du wachst über beide: mich und mein Tier.
Was soll ich sagen, mein Gott?
Das finde ich gut.

43

Staunen

… über die Schöpfung

Ich bin überwältigt

Beten wie die Priester, als sie Gottes Schöpfermacht erkannten

Großer Gott des Himmels und der Erde,
nachts am Feuer: hoch über uns
ein Zelt aus Sternen.
Morgens früh auf einem hohen Berg –
mühsam sind wir aufgestiegen –
weit unter uns die ganze Welt:
Felder und Wiesen, ein Dorf, ein Fluss …

Oh Gott, ich staune: Wie groß,
wie schön ist diese Welt!
Und sie ist da, sie ist immer schon da!
Ich hab sie nicht gemacht.
(Und Papa nicht und Mama nicht
und nicht die Großen dieser Welt!)

Großer Gott des Himmels und der Erde,
wenn ich ein Baby sehe,
so winzig, doch schon ganz wie ich.
Das Junge eines Hundes,
ein Küken im Nest …

Oh Gott, ich staune:
Wie groß und schön ist diese Welt!

Und sie ist da, sie ist immer schon da!
Ich habe sie nicht gemacht!

Großer Gott des Himmels und der Erde:
Du tust Wunder. Nicht nur große.

Du kümmerst dich
um Kleine und Schwache.
Du kümmerst dich
um all die Pflanzen und die Tiere,
auch um die Ekeligen,
die wir hässlich finden.

Du kümmerst dich um mich!
Ich sage: Du hast alles in der Hand!
Wir sind bei dir gut aufgehoben!

Staunen
... über Jesus

Ich horche auf
Beten wie die Menschen in Galiläa,
als Jesus unter ihnen war

Mensch, **Jesus**: Ich habe etwas gehört.
Ich habe gehört: Die Welt ist schlecht.
Ich habe gehört: Es ist, wie es ist.
Da kann man nichts machen.
So sagen die Leute.

Mensch, Jesus: Ich sehe mich um.
Ich sehe: Sie haben recht.
Ich sehe: den Bettler im schmutzigen Hemd
vor den Fenstern der Reichen.
Du kannst ihm nicht helfen.
So sage ich mir.

Mensch, Jesus: Ich höre von dir.
Du begegnest mit Liebe der Welt.
Hast du sie verändert?
Du reichst dem Bettler die Hand.
Die Reichen sehen arm aus bei dir.

Mensch, Jesus: Was kann das helfen?
Die Geschichten von dir –
Ich lese sie als ein Licht.
Mitten in der dunklen Nacht.

Ich sehe Licht
Beten wie die Menschen,
die Jesus begegneten

Krass, **Jesus**!
Krass, was du dich traust!
Zu dem Bettler gehst du hin!
Dem mit der ansteckenden Krankheit
reichst du die Hand.
Vor dem Wilden bei den Gräbern
nehmen alle Reißaus.
Du aber nicht!

He, Jesus,
was ist das für eine Kraft,
die dich treibt?
Nichts, was ich nachmachen könnte?
Oder doch?

Streit und Rechthaberei

Ich habe recht
Beten wie Elia, als er »geeifert« hatte

Ich habe mich gestritten, **Gott**,
ich hab mich richtig aufgeregt.
Ich wusste, ich hab recht.

Ich wusste dich auf meiner Seite.
Ganz sicher war ich mir.

Ich hab mich unbeliebt gemacht.
Jetzt ist die halbe Klasse gegen mich.
Komm, sag es denen: Ich hab recht.

Du schweigst. Du greifst nicht ein.
Du lässt mich stehen. Ganz allein.

Ich will mich versöhnen
Beten wie Elia,
als er dem sanften Gott begegnete

Ich hab den Streit gewonnen, **Gott**.
Sie konnten mir nicht widersprechen.
Sie waren alle still.

Ich habe mich müde geschrien, Gott.
Na, komm schon, gib mir recht!

Ich hab den Streit gewonnen, Gott.
Und dennoch keinen überzeugt.
Jetzt stehe ich allein.

Ich habe mich müde geschrien, Gott.
Na, komm schon, gib mir recht!

Ich hab den Streit gewonnen, Gott.
Ich zweifle: War es recht?

Ich habe mich müde geschrien, Gott.
Von nun an: Schenk mir Frieden.

Trauer

... um Opa/Oma

Ich will das nicht

Beten wie Jakob, als Rahel sterbenskrank war

Gott, du, der alles kann!
Mach doch den Opa* gesund!
Seit Tagen liegt er im Bett.
Und Mama sagt: Er will nicht mehr.

Aber Gott, wie kann das sein?
Wie kann er nicht mehr wollen?

Ich brauche ihn.
Er liest mir Märchen vor.
Und meistens kann er Mathe
ein bisschen besser als ich ...

*Wenn es so nicht passt: Setze einen anderen Menschen
ein, um den du dich sorgst; und andere Dinge, die er
oder sie mit dir tut.

Ich bin wütend
Beten wie Jakob, als Rahel gestorben war

Gott, du, wolltest du nicht?
Opa – du hättest ihn doch
gesund machen sollen!

Du aber hältst dich verborgen.
Da ist es gekommen, wie es muss!
Nun ist mein Opa tot!

Gott, du: Ich bin wütend!
Warum hast du ihn sterben lassen?
Ich hatte dich doch gebeten ...

Ich weiß nicht recht ...
Beten wie Abraham, als Sara gestorben war

Gott, du, ja, du Verborgener!
Mama sagt, Opa war müde.
Mama sagt, Opa wollte nicht mehr erzählen.
Er hatte auch an Mathe keine Freude mehr.

Mama sagt, Opa hat mich sehr gemocht.
Aber er konnte nicht bleiben.

Mama sagt, du hast es gut gemacht.
Du hast deine Hände nach Opa ausgestreckt.
Du hast ihn in die Arme genommen.
Und da ist er nun. In deinen Armen.

Ich weiß nicht, Gott, ob ich das glaube.
Oder gut finde. Oder verstehe.
Mama sagt, es ist gut.
Sie sagt das mit Tränen in den Augen.

53

Ich bin traurig
Beten wie Abraham,
als er Sara beerdigt hatte

Gott, du mit den offenen Armen:
Kannst du Opa von mir grüßen?
Sag ihm doch bitte: Er fehlt mir!

Sag ihm, ich habe sein altes Märchenbuch.
Und seine Gärtnerhandschuhe hab ich auch.
Mama wollte sie in den Müll tun!
Eh, Gott, das geht gar nicht!

Ach Opa, du fehlst mir!
Ich kann dich noch sehen,
manchmal, wenn ich die Augen schließe.
Ich kann dich noch riechen,
Tabak, Kaffee und Medizin.

Ich höre deine Stimme – nicht mehr ...

Gott, du mit den offenen Armen:
Grüß Opa von mir. Und vielleicht:
Hast du noch eine Hand frei für mich?

(Nein, nein, ich will nicht sterben!)

Überforderung
... vor einer Aufgabe

Ich trau mich nicht
Beten wie Jona, als er Gottes Auftrag hörte

Oh **Gott**, ich will ja.
Doch ich trau mich nicht!

Sie haben mir diese Aufgabe übertragen.
Sie trauen sie mir zu. Und ich?
Sie haben mich nicht gefragt.

Wenn ich diese Aufgabe übernehme:
Wie leicht kann ich scheitern!
Wie leicht mache ich mich lächerlich!

Oh Gott, warum denn ich?
Ich gebe die Aufgabe lieber weiter.

Ich gebe sie weiter an eine,
die mehr Mut und Kraft hat als ich.

Ich laufe gegen Wände
Beten wie Jona, als er im Fisch saß

Oh **Gott**, gerade kommt es mir so vor,
als ob ich gegen Wände laufe.
Diese Aufgabe, die ich nicht will:
Ich werde sie nicht los!

Niemand will sie haben,
keiner will mir helfen!
Ich werde sie nicht los!

Gott, hilf mir doch,
nimm sie mir ab.
Ich will sie nicht, ich will nicht!

Was sagst du?
Okay, ja – anfangs wollte ich ...
Ich hab nicht nachgedacht.

Ja, klar, ich dachte, dass ich's könnte.
Ich dachte auch: *nur ich!*

Was sagst du?
Ja, ich weiß: Du lässt mich nicht allein.
Du bist an meiner Seite,
du gibst mir Kraft, so viel ich brauch.

Na gut, Gott – du und ich!
Dann gehen wir es an!

57

Ungeduld
... beim Warten auf das Himmelreich

Ich bin kribbelig
Beten wie die Jünger, als sie auf das Himmelreich warteten

Jesus, deine Worte:
vom Himmelreich, vom Leben,
wie es sein soll,
von Gottes unerschütterlicher Nähe!

Sie machen mich froh,
sie gehen mir nach.
Ja, wirklich: Ich höre sie gern.

Ich möchte sie aber auch sehen,
will sehen, dass sie geschehen.

Dein Reich komme, beten wir,
wie du es uns empfohlen hast.

Ja, dein Reich komme.
Ich ahne, was das heißt.

Jesus, deine Taten:
dass Blinde sehen und Lahme gehen
und aufatmen können die,
die niedergeschlagen sind!

Sie machen mich unruhig, deine Taten.
Mir scheint, sie fordern mich heraus.

Ich möchte sie auch tun, solche Taten.
Später einmal ...? Heute?

Dein Wille geschehe, beten wir,
wie du es uns empfohlen hast.

Ja, dein Wille geschehe.
Ich kann es kaum erwarten.

Verantwortung

... für das Leben

Ich frage nach Recht und Unrecht
Beten wie Jesaja, als er das Unrecht sah, das anderen angetan wurde

Lieber Gott,
da ist dieses Kind ...
Neu ist es in der Klasse.
Ein wenig anders als wir.
Nicht gerade »top«,
wenn du weißt, was ich meine ...

Lieber Gott,
ich will dich was fragen:
Ist es denn recht,
dass keiner von uns
mit diesem Kind spricht?

Ist es denn recht,
dass keiner neben ihm sitzen,
dass keiner ihm helfen will?

Ist es dir recht?
Ich meine, also was mich betrifft:
Ich habe wirklich keinen Bedarf,
ich habe ja gute Freunde ...

Aber die anderen ...

Lieber Gott, ich sehe,
dass dieses Kind heimlich weint.
Sieh, Großer Richter, und höre:
Das ist doch gewiss nicht recht,
weder dir noch mir ...

Ich frage nach Gut und Böse
Beten wie Micha, als er sah, wie schlecht die Welt ist

Du, oben auf der Wolke!
So hab ich dich im Bild gemalt,
da oben auf der Wolke.

Dass du aber nicht falsch von mir denkst:
Ich habe nicht *dich* gemalt,
nicht dich, so ganz und gar.
Ich habe nur gemalt, was ich mir
von dir wünsche:

Sehen sollst du, was geschieht,
und hören unsere Gebete.
Handeln sollst du, helfen, retten.
Den Bösen kräftig auf die Finger klopfen.
Sei König, Gott, sei Richter!

Ich habe es im Fernsehen gesehen:
Wie böse Menschen handeln!
Ich sehe, wie sie Kriege führen.
Ich sehe, wie sie Waffen bauen.

Ich sehe, wie sie ihre Tiere quälen,
in engen Ställen ohne Licht,
auf Viehtransporten durch die Welt.

Ich höre, was sie alles verderben:
die Luft und das Wasser, Berg und Tal.

Jeden Augenblick stirbt ein Kind,
Jeden Augenblick verlässt eine Pflanze,
ein Tier für immer die Erde.

Sie ist doch deine Erde,
du da oben! Du hast sie doch gemacht!
Ach, richte doch, ach, halt das Böse auf!

Ich bin sehr traurig, Gott,
ich liege wach und fürchte mich.
Was soll denn werden, Gott?

Wie lange willst du zuschauen?
Und was, Herr Gott, kommt dann?

Ich bekomme (keine) Antwort

Beten wie Micha, der Gottes Ruf hört und erschrickt

Der Gott auf der Wolke,
den ich neulich gemalt habe, Gott:
Der hat zwei Arme und zwei Hände.

Und diese Hände, Gott,
sind offen.

Ich habe geträumt, Gott,
ich habe geträumt,
dass du zu mir sprichst.

Und deine Hände, Gott,
die waren offen.

Das Böse nur sehen – sagst du –
reicht nicht?
Das Unrecht nur zu erkennen,
das wäre nicht genug?

Soll etwa *ich* die Erde retten,
Kriege beenden, Weizen säen?
Die Ställe öffnen, die Tiere befreien?
Und Luft und Wasser wieder
sauber machen?

Mensch, Gott! Ich bin ein Kind –
wie stellst du dir das vor!?

Ich habe geträumt, Gott,
ich habe geträumt,
dass du zu mir sprichst.

Und deine Hände, Gott,
deine Hände nahmen meine.

»Du bist ja nicht allein«, hast du gesagt.
»Glaub mir, mein Kind:
Fragen und Gebete können viel.«

Dann, Lieber, bin ich aufgewacht.
Ich frage mich: Was nun ...?

63

Ich setze mich ein

Beten wie Elia, als er Gottes Atem zu spüren bekam

Du, hier unten bei den Menschen!
Ich habe ein neues Bild von dir gemalt!
Du bist wie Feuer in den Herzen,
wie Wind im Haar, ja: Gegenwind,
und wie ein leises Schubsen.

Das Schubsen habe ich gespürt,
als ich am Morgen in die Schule kam.
Du weißt schon: dieses Kind!

Da stand es, ganz allein.
Und auf der anderen Seite
saßen meine Freunde.

»Komm rüber!«, riefen sie mir zu.
Und da, da spürte ich das Schubsen.
Ging zu dem Kind. *Hallo.*

Es ist ein wenig anders, Gott,
nicht »top«, wenn du verstehst ...

Doch, weißt du:
Wenn es lacht und Späße macht,
dann ist es so wie ich,
wenn du verstehst:
ein Kind.

Verantwortung
... für die eigene Tat

Ich bin mir nicht sicher
Beten wie Mose, als er zum Pharao ging (und alles nur noch schlimmer wurde)

Hör mal, **guter Gott**:
Da ist was passiert.
Jetzt weiß ich nicht:
War es richtig?

Ich habe es mit angesehen.
Etwas Schlimmes.
Und eine war das Opfer.
Da gibt es keinen Zweifel.

Ich habe es zu lange mit angesehen.
Dann habe ich ... gepetzt.

So sagt man doch.
Ich habe es anders gedacht.
Ich dachte: Ich darf nicht wegsehen.

Nicht wahr? – Du hast es gesagt.
Und alle deine Propheten.

Ich fürchte aber:
Es ist nichts besser geworden.
Vielleicht sogar schlimmer.

Hör mal, guter Gott:
Kann man Gutes tun –
und Böses kommt heraus?
Und dann, was dann?
Bin ich an allem schuld?

Ich komme zur Ruhe

Beten wie die Menschen,
die Jesu Worte »Sorget nicht« hörten

Ach, **Jesus**!
Die, der ich helfen wollte:
Heute hat sie mich angelächelt.
Und später sogar gelacht.

Ach, Jesus!
Wird es gut?
Wird es nun doch noch gut?

Ach, Jesus!
Warst du das?
Hast du es uns zurechtgebogen?
Oder ist es reif geworden mit der Zeit?
Vielleicht beides.
Vielleicht waren wir es
zusammen?

Ach, Jesus,
ich will geduldiger werden.
Du sagst: Mach dir nicht so viele Sorgen.
Du bist nicht allein.

Ja, Jesus, ich finde,
das hilft.

Vertrauen
... auf den Schöpfer

Ich fühle mich von Gott gemacht
Beten wie die Weisen, als sie das Leben als Wunder empfanden

Du, Großer Künstler!
Wie hast du das gemacht?

Das Baby da in der Wiege:
Wie kam es auf die Welt?

Sie sagen mir: Die Mama hat's geboren,
der Vater hat's gezeugt.
Sie sagen: Ganz normal.

Sie flunkern, Gott, sie täuschen sich.
Sie haben ja Tränen in den Augen.
Sie staunen – genauso wie ich.

Du, Großer Künstler!
Wie hast du das gemacht?

Mein Bild da im Spiegel:
Wie wurde ich, was ich bin?

Sie sagen mir: Die Mama
hat mich geboren,
der Papa hat mich gezeugt.
Na klar – das weiß ich auch!

Und doch – das ist nicht alles.
Ich wette, du hast deine Hand im Spiel.

Ich kann sie ja noch fühlen:
Deine Hand, wie sie mich formte.
Ich kann ihn ja noch spüren:
Den Atem von dir in meinem Gesicht.

Du hast mich wunderbar gemacht.
Und meinen Eltern anvertraut.

Ich fühle mich klein (und groß)

Beten wie die Weisen, als sie die eigenen Schwächen erkannten

He, Großer Künstler,
manchmal fasse ich es kaum!
Dass du mich haben wolltest!
Dass du mich wirklich willst!

Weißt du: Ich bin, nun ja, nicht immer gut.
Wie oft packt mich die Wut!
Dann schreie ich und tobe. (Und nachher
weiß ich gar nicht mehr, warum.)
Ungerecht kann ich sein,
ein echter Spielverderber.

Und einmal, Gott, da habe ich
die Türen vom Adventkalender
alle auf einmal aufgemacht.
So neugierig bin ich.

Ach, wenn du wüsstest!
Dann denke ich: Natürlich weißt du das!
Du hast mich ja gemacht!

Was hast du dir dabei gedacht?
Kannst du mich so ertragen?
Ich danke dir von Herzen.

Da kommt mir ein Gedanke,
ich glaub, der kommt von dir:
Du hast mich so gemacht,
dass ich noch besser werden kann.

70

Wut

... über Ungerechtigkeit

Ich bin sauer
Beten wie Josefs Brüder, als Josef sie verpetzte

Er* nun wieder!
Gott, oh Gott!
Immer er, mein großer Bruder!

Was er sich wieder erlauben darf!
Was er sich wieder rausnimmt!
Und keiner hält ihn auf.
Er ist so cool und groß
und kann sich alles leisten.

Ich aber!
Gott, oh Gott!
Geh schlafen. Mach Hausaufgaben.
Halt den Mund!

So geht es nicht weiter.
Und weißt du, was das Schlimmste ist?

Er ärgert mich.
Er zieht mich auf.
Und zwar genau mit dem,
was mich so ärgert:
Alles darf er
und ich nichts!

71

*Wenn es so nicht passt: Ersetze »Er« durch »sie«,
 »Bruder« durch »Schwester«.

Ich bin zornig
Beten wie Marta,
als Maria ihr nicht helfen wollte

So eine Ziege, **Gott**!
So eine falsche Schlange!
Meine Schwester!

Nimmt meine Sachen.
Sagt nichts, fragt nichts.
Legt sie dreckig zurück.
Oder gar nicht!

Und immer hintenrum.
Mama bekommt es nicht mit!
Mama denkt, sie ist ein Engel!

Du aber, du, der alles weiß:
Du weißt es doch besser.
Richte zwischen ihr und mir.
Wen von uns beiden magst du lieber?

Ich besinne mich
Beten wie Marta,
als sie sich mit Maria versöhnte

Oh **Gott**, du schweigst.
Warum!?
Es ist ganz leicht:
Halte zu mir, guter Gott,
ich bin ja dein Kind!

Oh Gott, du schweigst
und ich besinne mich.
Auf Augenblicke, Stunden, Tage –
da ist sie* richtig lieb.

Da brauch ich sie und hab sie lieb.
Und sie mich auch.

Mein Gott:
Sie ist dein Kind wie ich.

*Wenn es so nicht passt:
  Ersetze »sie« durch »er«.

73

Zweifel

... an Gottes Gerechtigkeit

Ich verstehe nicht

Beten wie die Weisen, als sie die Geschichte von Hiob erfanden

Gott, du Geheimnisvoller:
Ich versteh es nicht!

Warum müssen Menschen sterben,
irgendwelche?
Den einen trifft der Blitz,
den andern nicht.
Der eine stirbt beim Unfall,
der andere überlebt.

Gott, du Verborgener:
Ich versteh es nicht!

Wer muss leiden? Und wer nicht?
Die eine wird krank,
die andere gesund.
Die eine ist schwach geboren,
die andere fröhlich und stark.

Gott, bist du ungerecht?
Dann aber frag ich mich:
Was wäre denn gerechter?

Ich glaub, ich weiß ...

Beten wie Salomo, als er die Welt verbessern wollte

Du, der du die Welt in Händen hältst

(So sagt man doch – und kann es singen!):
Ich habe lange nachgedacht.
Ich hab darüber nachgedacht,
was uns im Leben quält.
Es ist nicht viel, doch wichtig:
Tod. Zu wissen: Einmal muss ich sterben.
Schmerz. Verletzungen geschehen und tun mir weh.
Unrecht. Dass nicht alle Menschen glücklich sind.
Schuld. Wir tun, was wir nicht wollen und nicht sollen, andern an.
Krieg. Dass Menschen Menschen töten, anstatt sich zu verstehen.
Der du die Welt in Händen hältst:
Das muss sich doch verbessern lassen.
Ich hab darüber nachgedacht
und bitte dich von Herzen:

Herr, schaff das Leid doch einfach ab!

Ich stoße an Grenzen
Beten wie Hiob, als er Gott begegnet war

Du, Schwieriger, Verborgener,
ich hab mit dir gerungen.
Dass du zu wenig machst,
hab ich dir vorgeworfen.
Dass du nicht hörst, wenn ich dich rufe,
dass du nicht eingreifst, wenn es kracht.

Ach, **rätselhafter Weiser,**
ich war im Traum im Paradies.
Und alles war vollkommen.

Nicht lange, und ich habe
das Paradies gehasst.
Es hatte Grenzen.
Langweilig war's auch.

Hast du mich so gemacht, Gott?
So ruhelos und ungeduldig?

Hast du uns alle so gemacht,
mit Hunger auf das ganze Leben?
Auf Glück und Unglück,
Freud und Leid?

Du, weiser König, helles Licht,
ich bitte um Vergebung.

Die Erde muss wohl Erde bleiben.
Das Paradies kommt später.
Doch wirft es seinen Schein voraus:
Ich mach mit deiner Hilfe,
was ich kann.

Martina Steinkühler ist Professorin für Religions-
pädagogik an der Evangelischen Hochschule
in Berlin. Vorher war sie als Lehrerin, Dozentin,
Verlagslektorin und in der kirchlichen Öffent-
lichkeitsarbeit tätig. Außerdem ist sie freie Au-
torin und oft mit Vorträgen und Seminaren zum
Bibelerzählen und zur religiösen Bildung in ganz
Deutschland unterwegs. Sie ist verheiratet und
lebt mit ihrer Familie bei Göttingen.

Die italienischstämmige Illustratorin
Barbara Nascimbeni studierte Grafik-Design in
Mailand und Darmstadt. Heute arbeitet sie mit
Verlagen aus Großbritannien, Frankreich, Italien,
Deutschland und Korea zusammen. Ihre Bücher
sind in vielen Ländern erschienen. Sie lebt und
arbeitet in Hamburg und Toulouse.
Mehr unter: www.barbaranascimbeni.com

Weitere Titel von Martina Steinkühler und Barbara Nascimbeni
Die neue Erzählbibel

Mehr über unsere Bücher, Autoren und Illustratoren auf: www.gabriel-verlag.de

Martina Steinkühler
Für dich bin ich immer da – Gebete für Kinder
ISBN 978 3 522 30425 2

Gesamtgestaltung: Barbara Nascimbeni
Einbandtypografie: Michael Kimmerle
Innentypografie: Bettina Wahl
Reproduktion: HKS-Artmedia GmbH
Druck und Bindung: Livonia Print

FSC
MIX
Papier aus verantwor-
tungsvollen Quellen
www.fsc.org   FSC® C002795

Lebendige Erzählungen
ausdrucksstark bebildert

Martina Steinkühler
Die neue Erzählbibel

248 Seiten · Gebunden
mit farbigen Illustrationen
von Barbara Nascimbeni
ISBN 978-3-522-30387-3

Die Geschichten in der Bibel erzählen von Gott und bieten Antworten auf die großen Fragen: nach dem Anfang der Welt, dem Sinn des Lebens, nach den Stärken und Schwächen der Menschen.

Die erfahrene Religionspädagogin Dr. Martina Steinkühler erzählt Geschichten von Abraham und Sara, Jesus und Petrus und vielen anderen frei und lebendig nach. In den poetischen Bildern von Barbara Nascimbeni können Kinder ab acht vieles entdecken, das sich mit Worten nicht ausdrücken lässt.

GABRIEL
Was wirklich zählt!

www.gabriel-verlag.de